I0840490
This book belong to
ABC
ABC
ABC

A is for

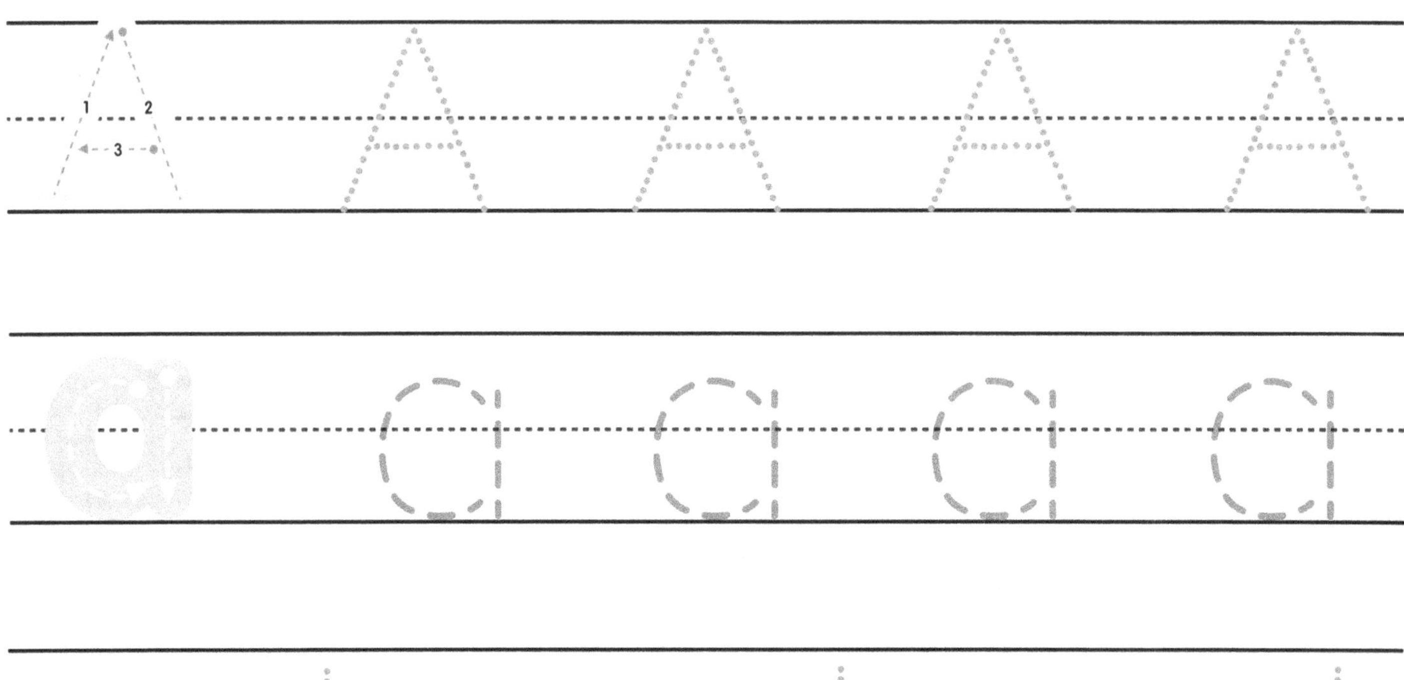

1
2
3

ant ant ant

ant ant ant

ant ant ant

ant

B is for

bird

B B B B B

B B B B B

B B B B B

B

1

b   b   b   b   b

b   b   b   b   b

b   b   b   b   b

b

bird   bird

bird   bird

bird   bird

bird

C is for

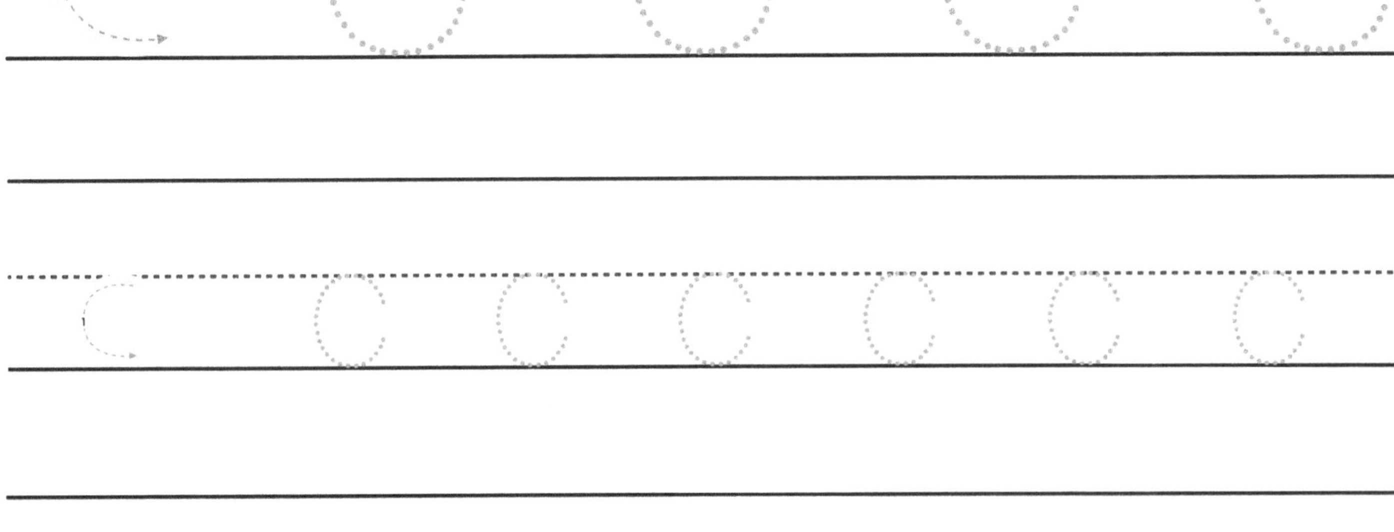

cat

cat   cat   cat

cat   cat   cat

cat   cat   cat

cat

D is for

Dog

dog dog dog

dog dog dog

dog dog dog

dog

E is for

2
1 3
4

elephant

elephant

elephant

F is for

Frog

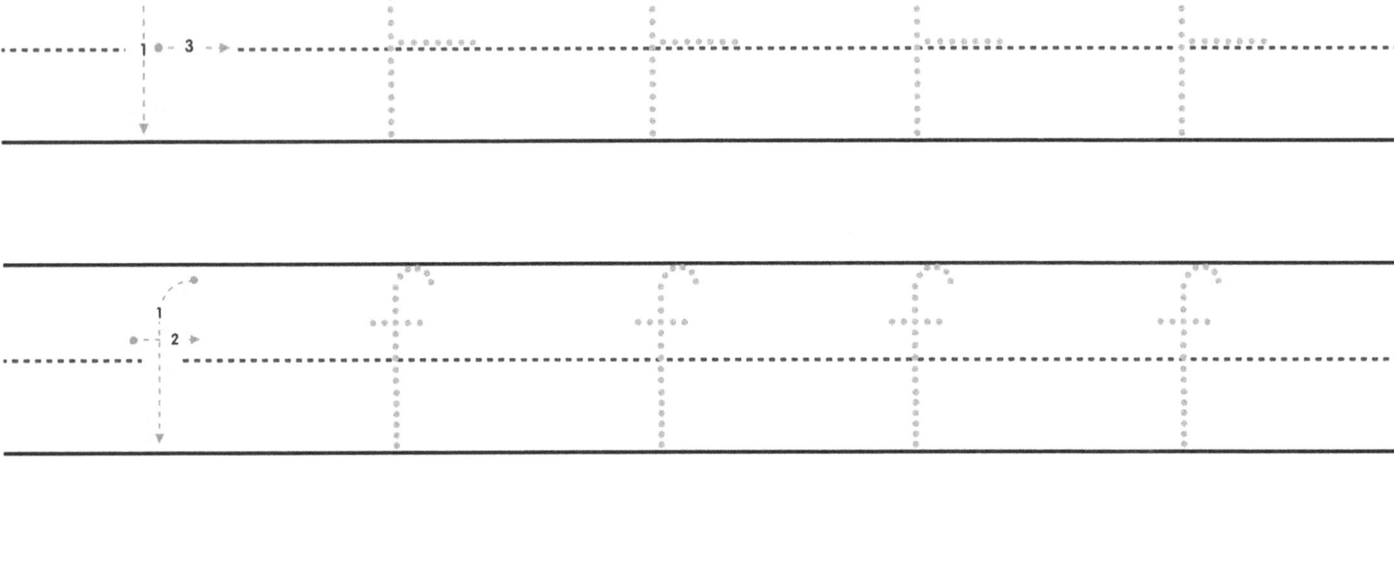

2

1 3

frog frog

frog frog

frog frog

G is for

Giraffe

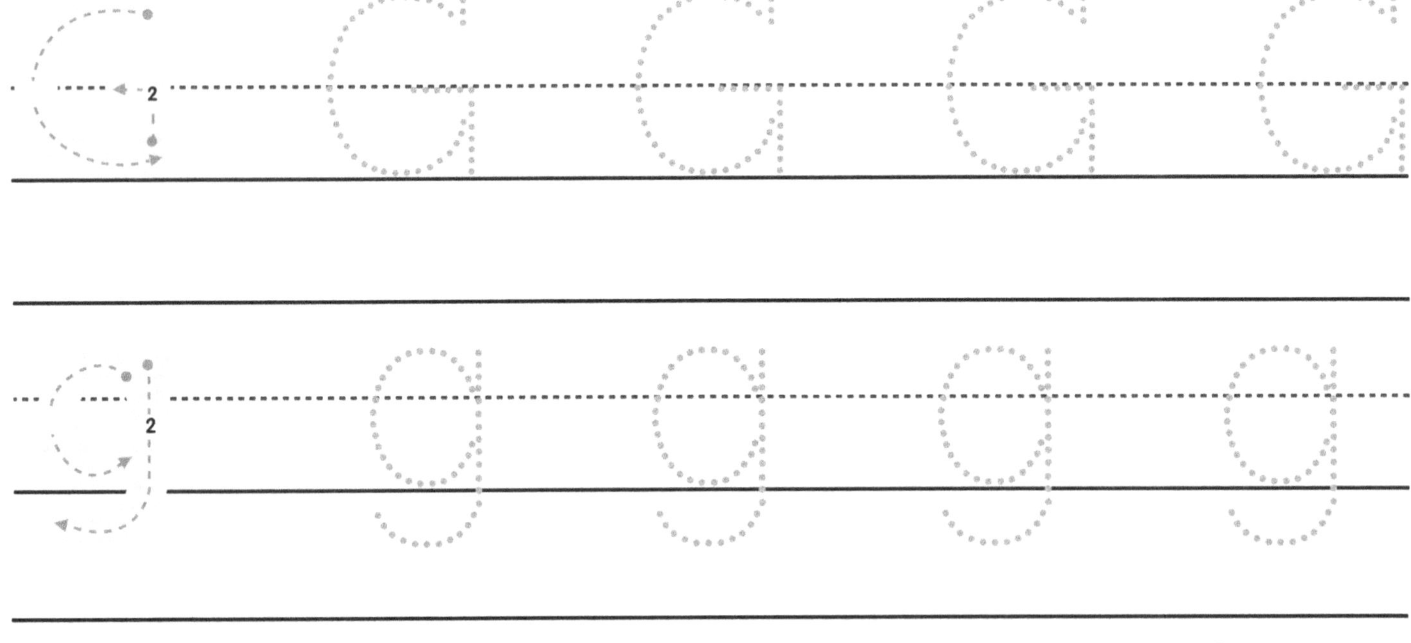

giraffe giraffe

giraffe giraffe

giraffe giraffe

H is for

Hippo

1
2
3

hippo hippo

hippo hippo

hippo hippo

I is for

Insect

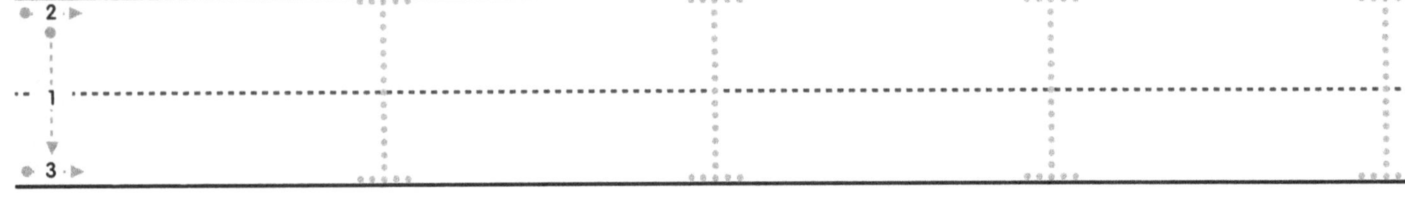

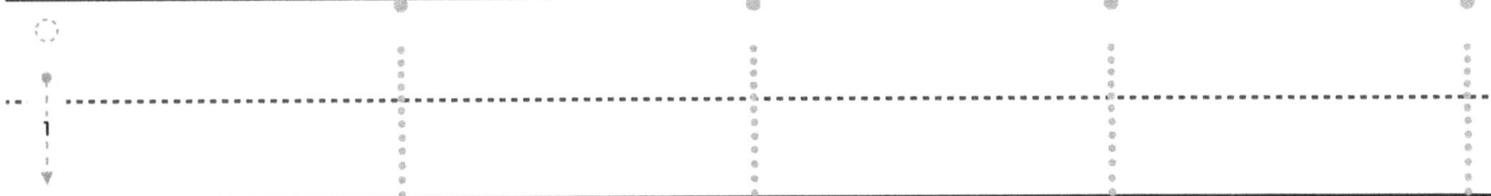

insect insect

insect insect

insect insect

J is for

Jnsect

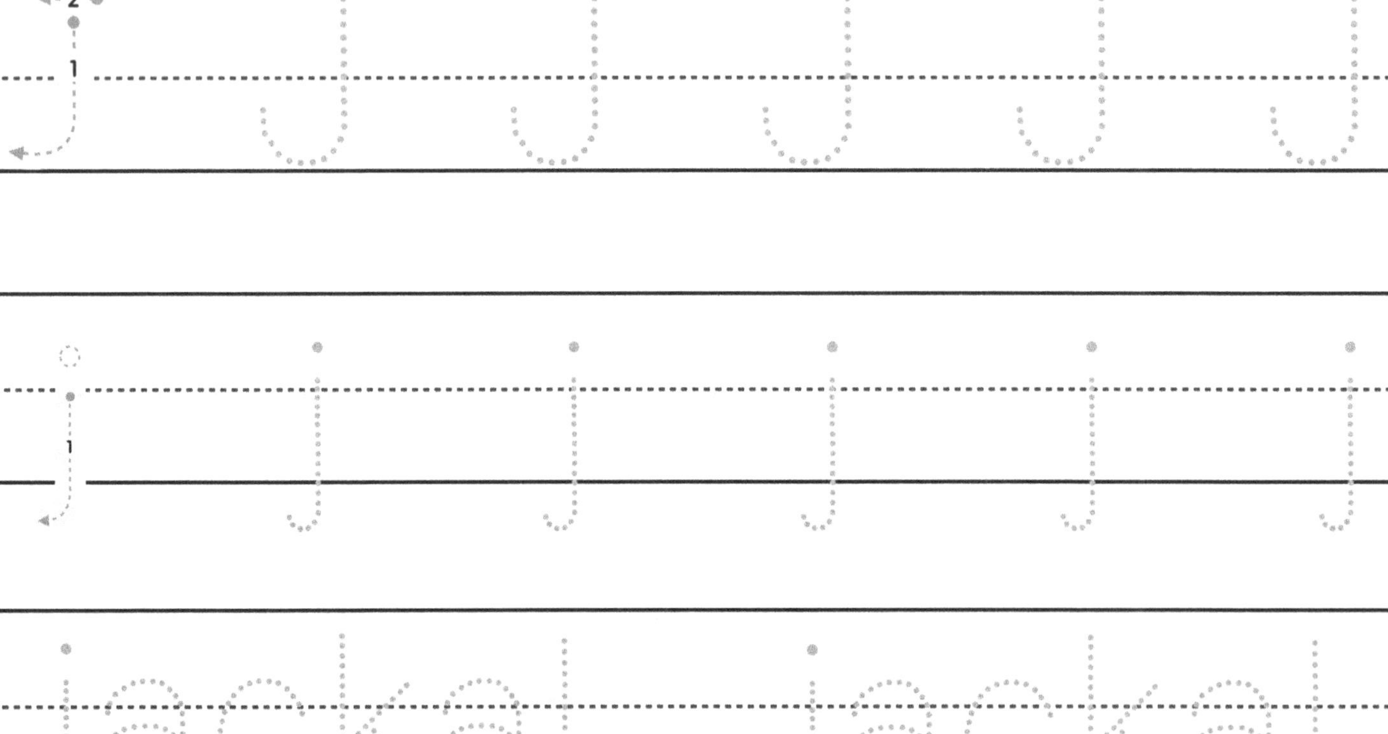

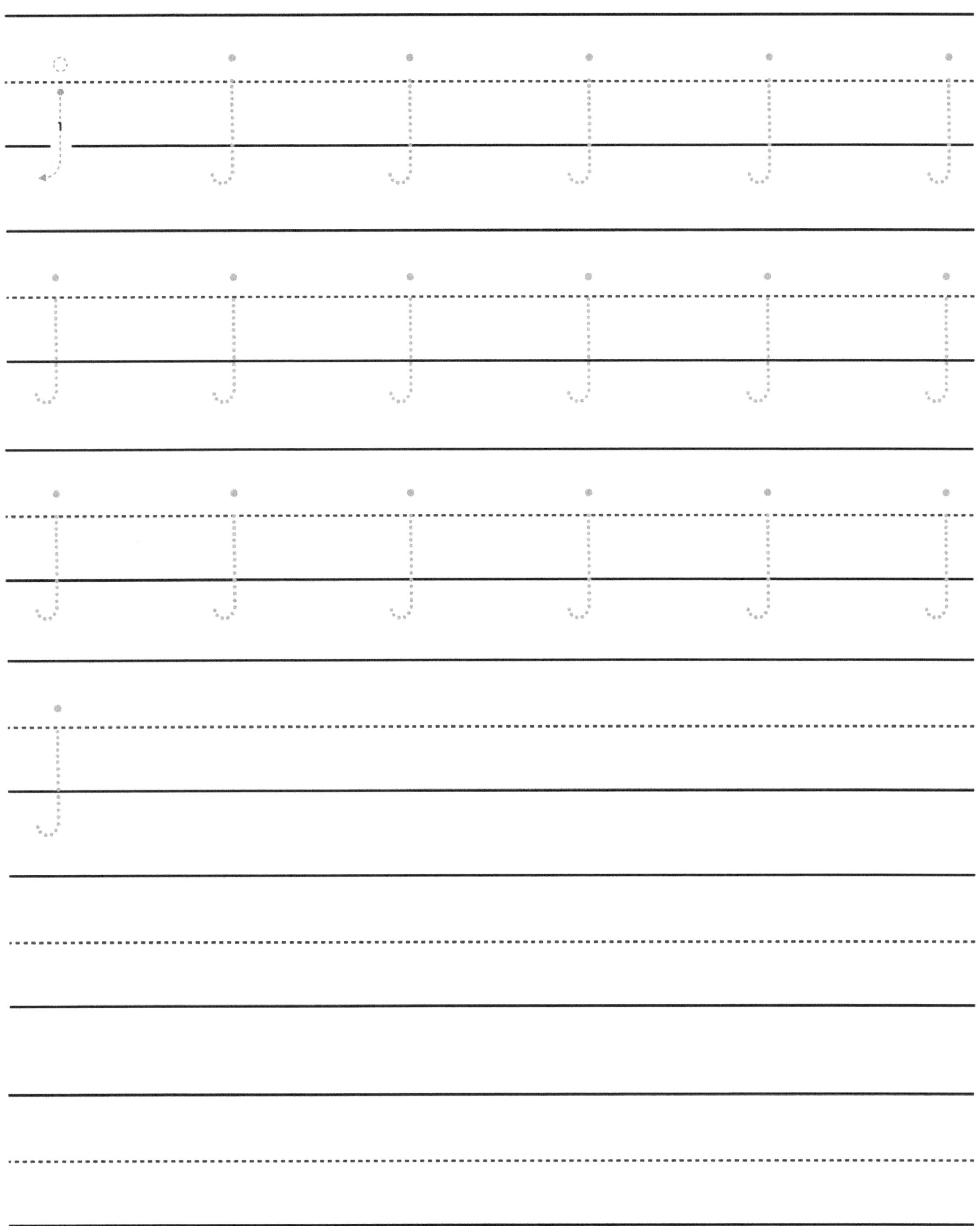

jackal jackal

jackal jackal

jackal jackal

K is for

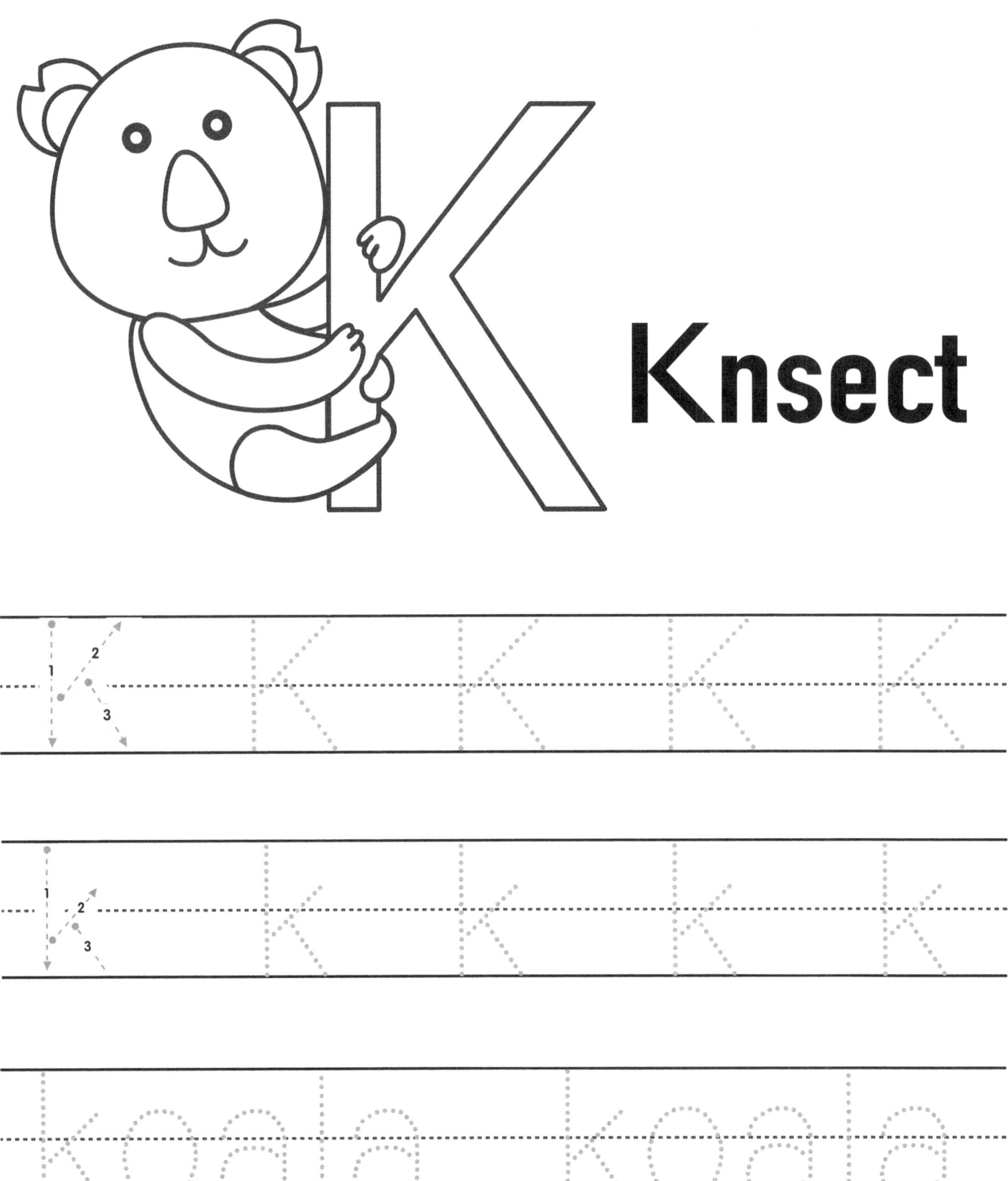

Knsect

koala koala

koala koala

koala koala

koala koala

L is for

Lion

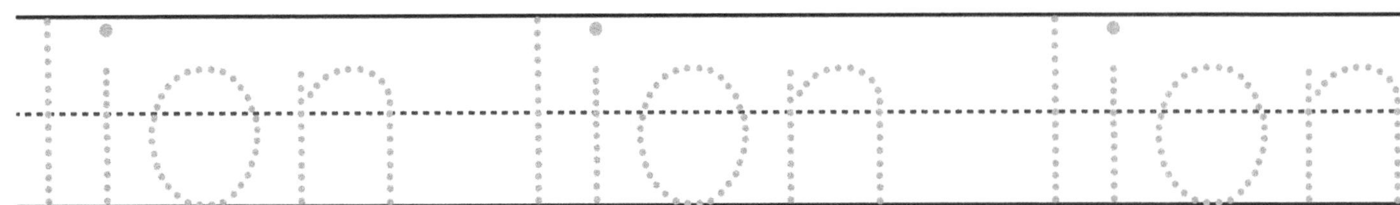

1
2

lion lion lion

lion lion lion

lion lion lion

M is for

Monkey

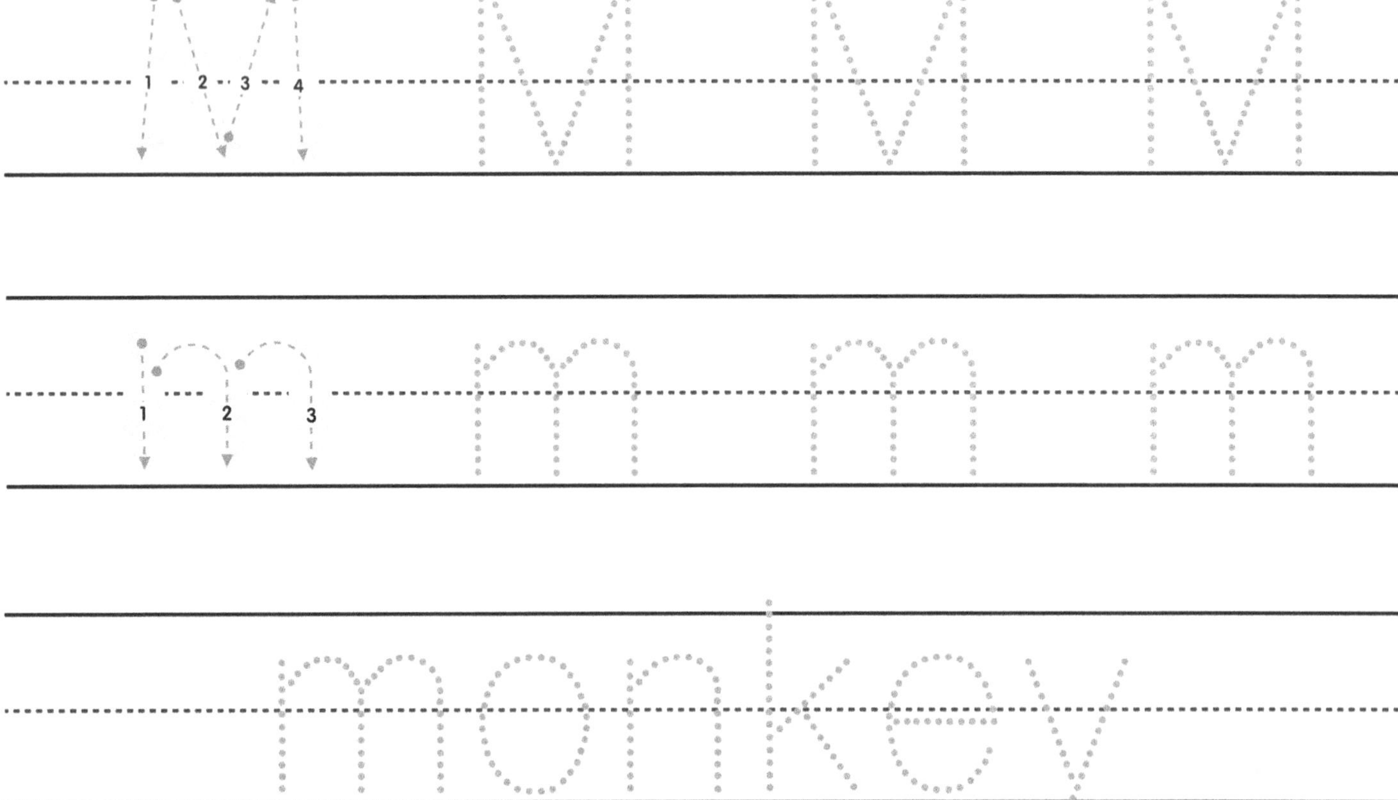

1
2
3

monkey

monkey

monkey

N is for

Newt

newt newt

newt newt

newt newt

O is for

Octopus

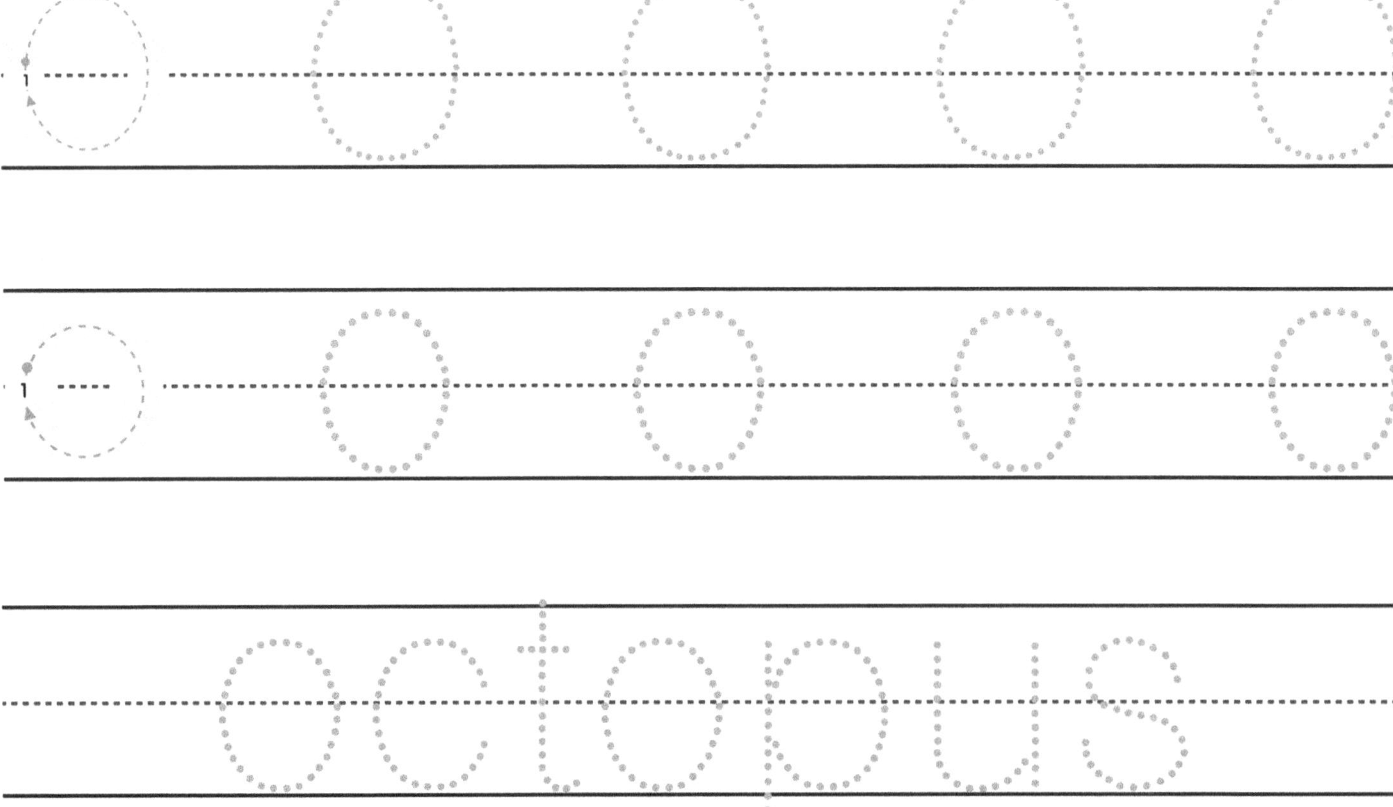

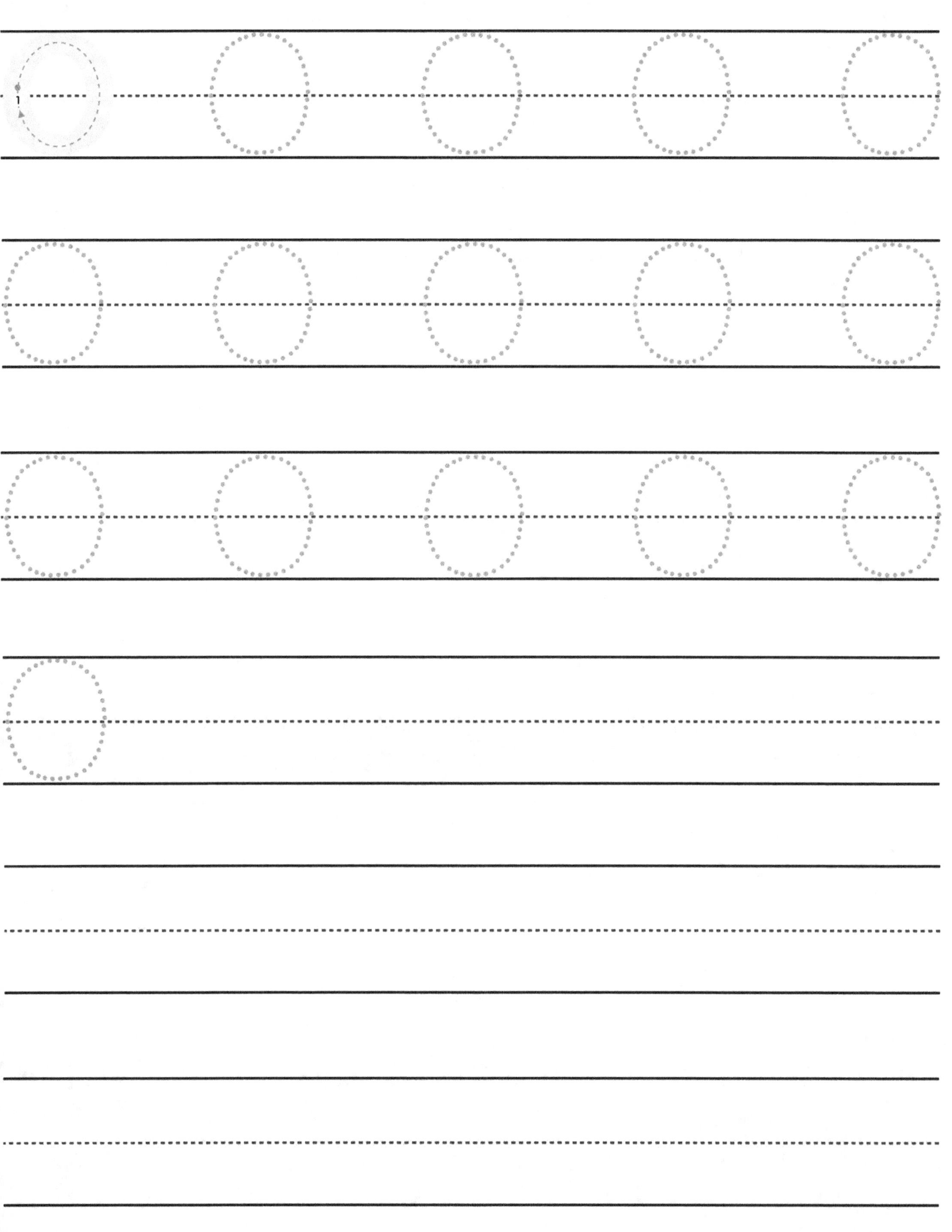

octopus

octopus

octopus

P is for

Panda

panda panda

panda panda

panda panda

Q is for

Quoll

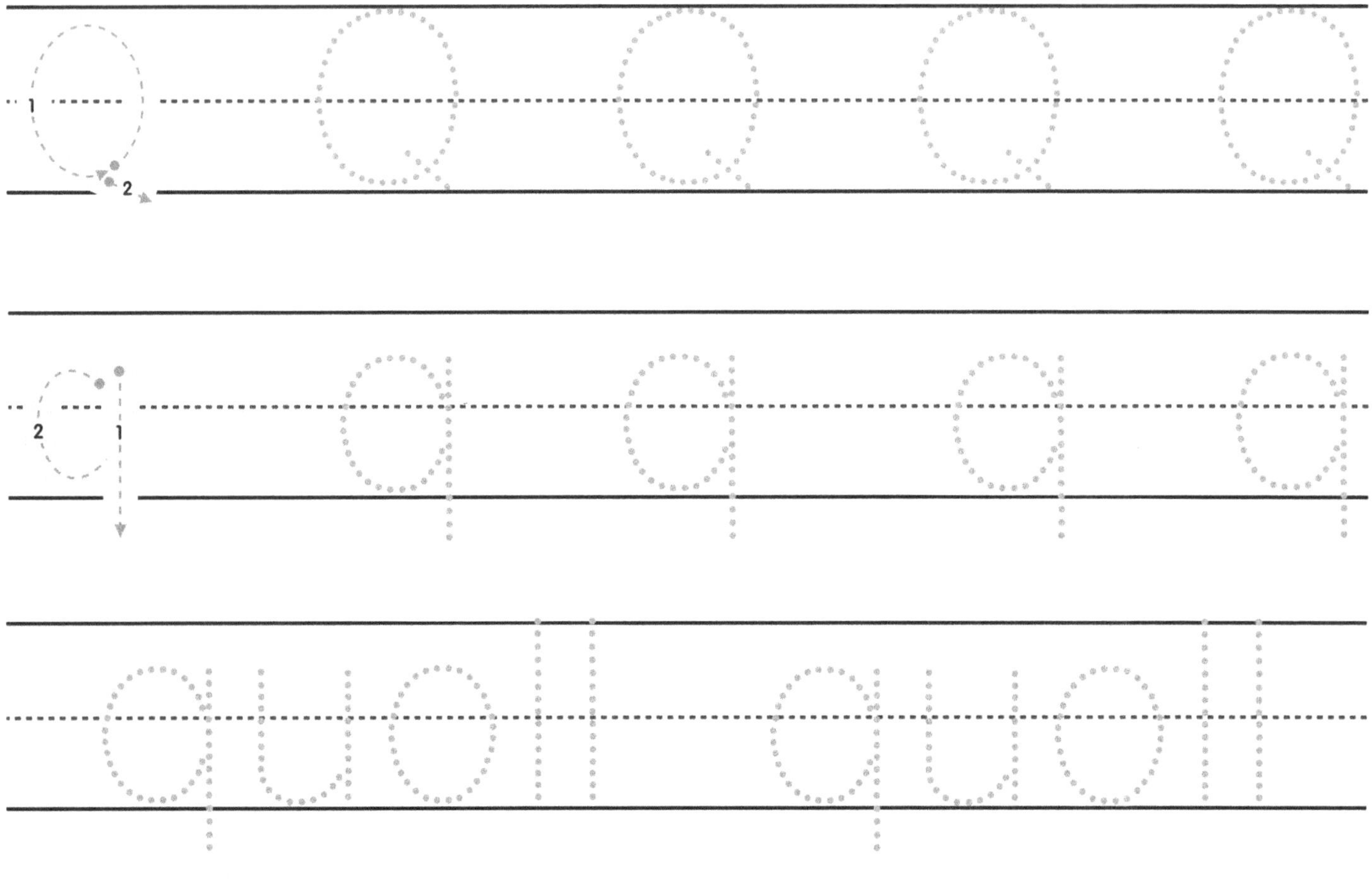

R is for

Rabbit

r r r r r

rabbit   rabbit

rabbit   rabbit

rabbit   rabbit

S is for Sloth

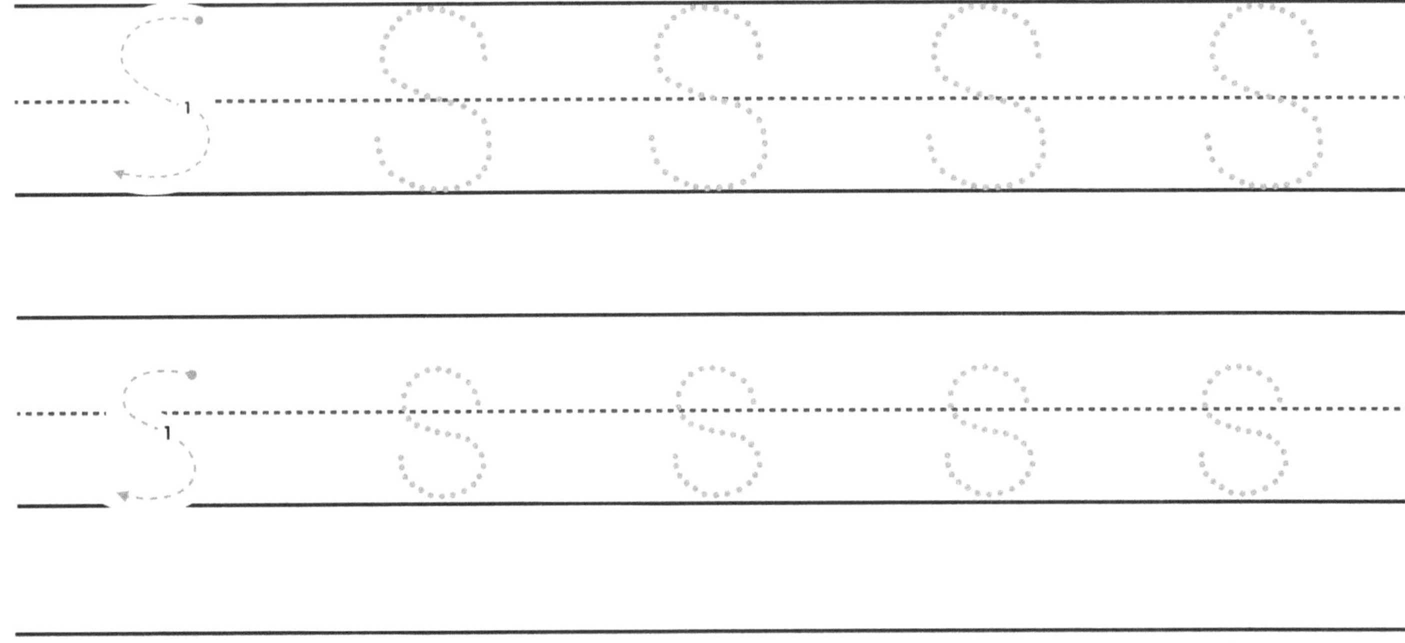

sloth   sloth

sloth   sloth

sloth   sloth

T is for

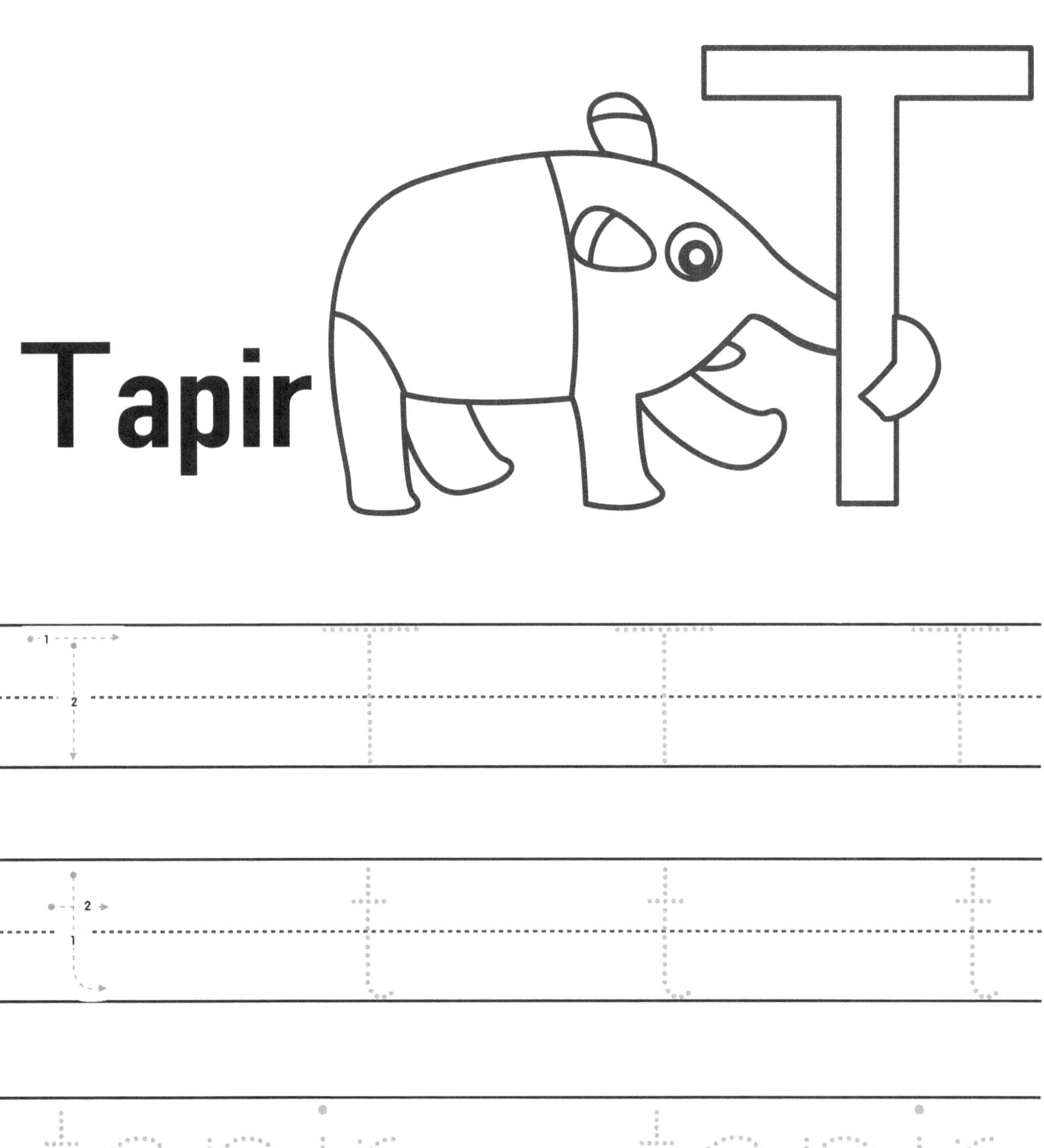

Tapir

1
2

tapir   tapir

tapir   tapir

tapir   tapir

U is for

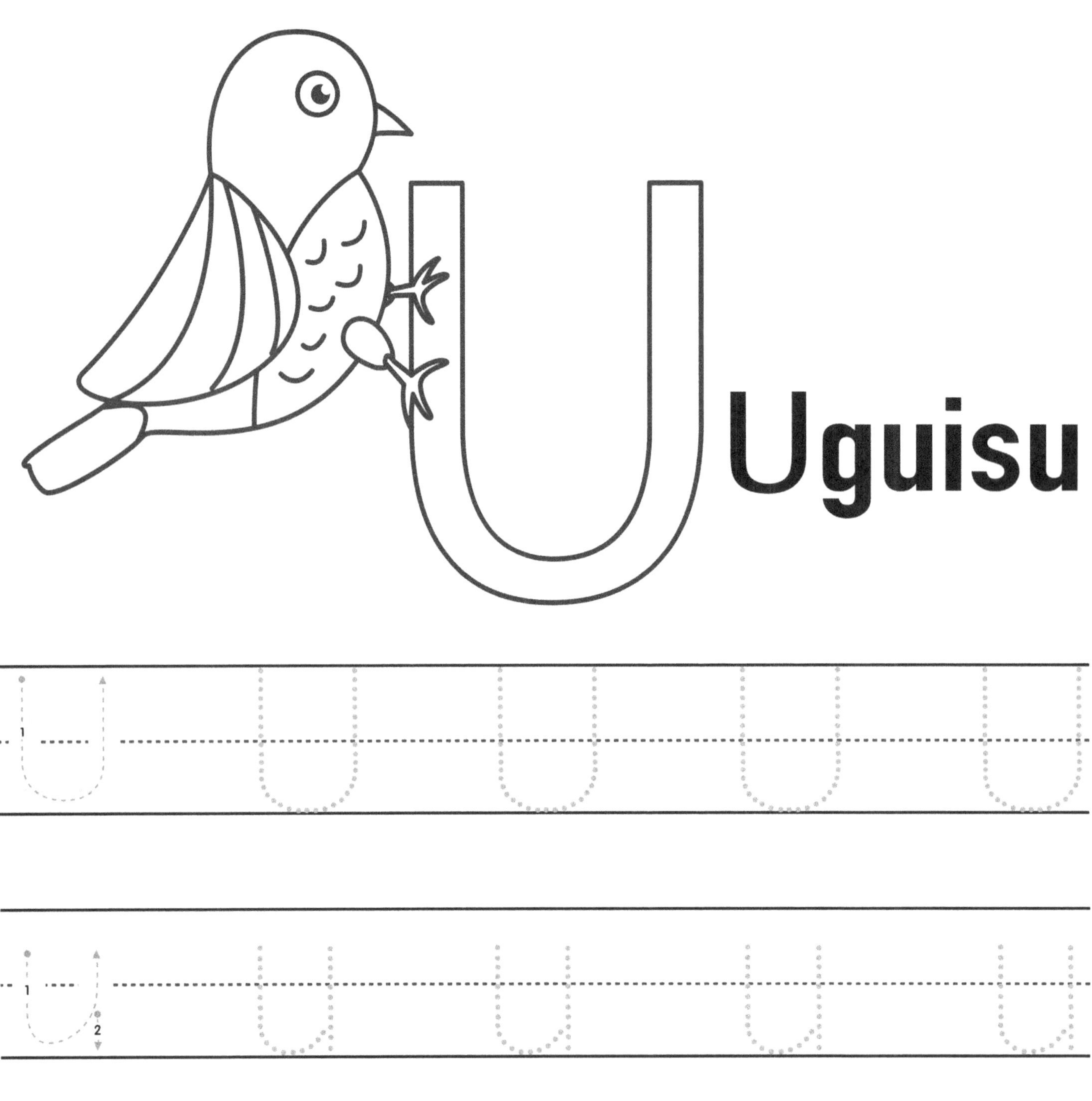

Uguisu

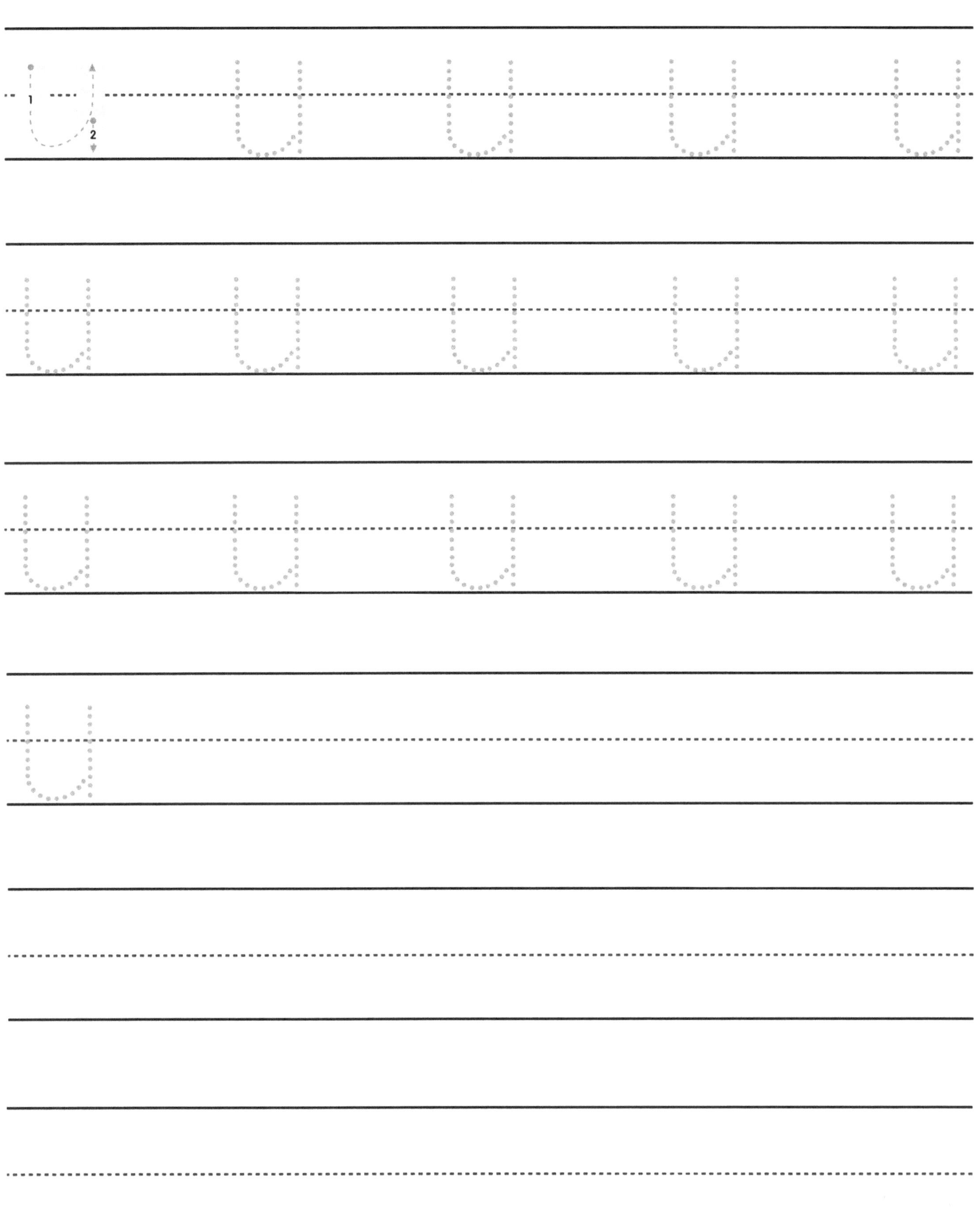

uguisu
uguisu
uguisu

V is for

Vervet monkey

vervet mokey

vervet mokey

vervet mokey

W is for

Worm

1 2 3 4

worm worm

worm worm

worm worm

X is for

Xerus

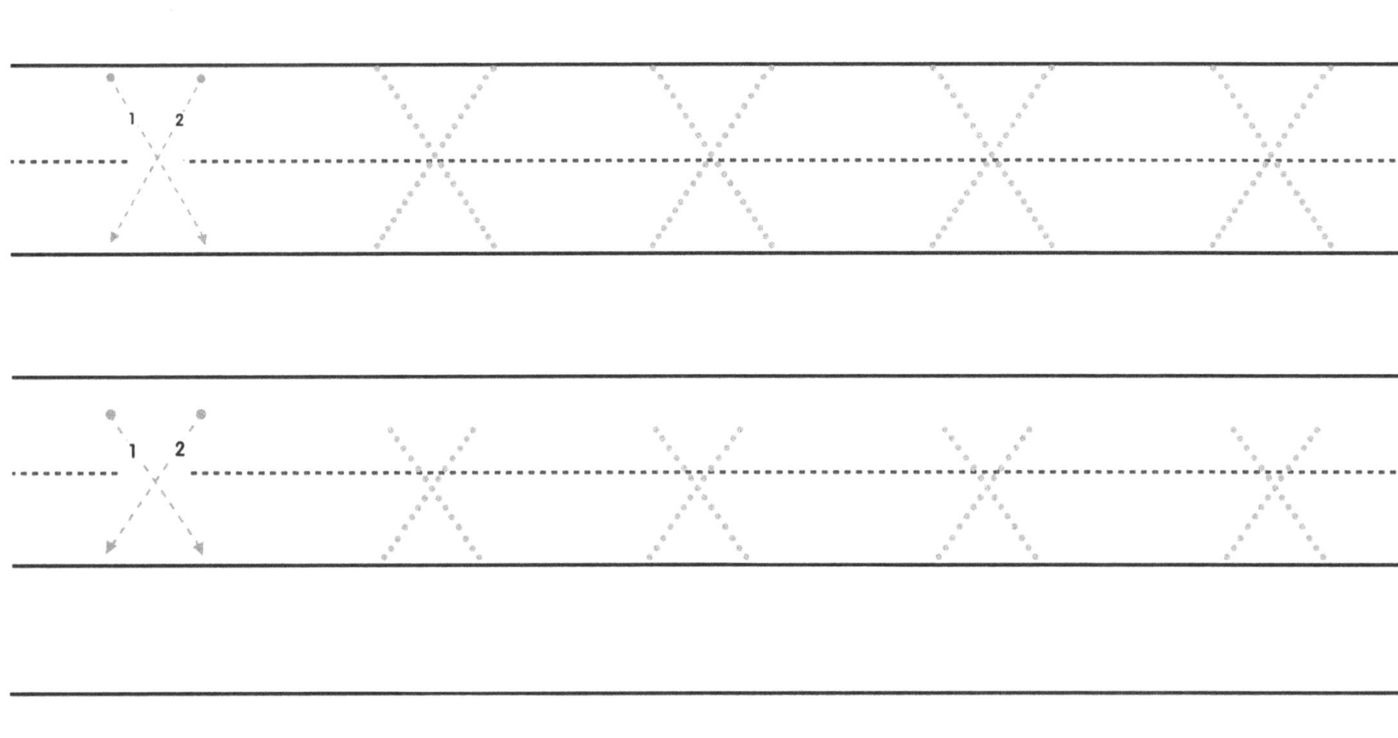

xerus xerus

xerus xerus

xerus xerus

Y is for

Yellow
baboon

Y y Y Y Y Y

y y y y y

yellow baboon

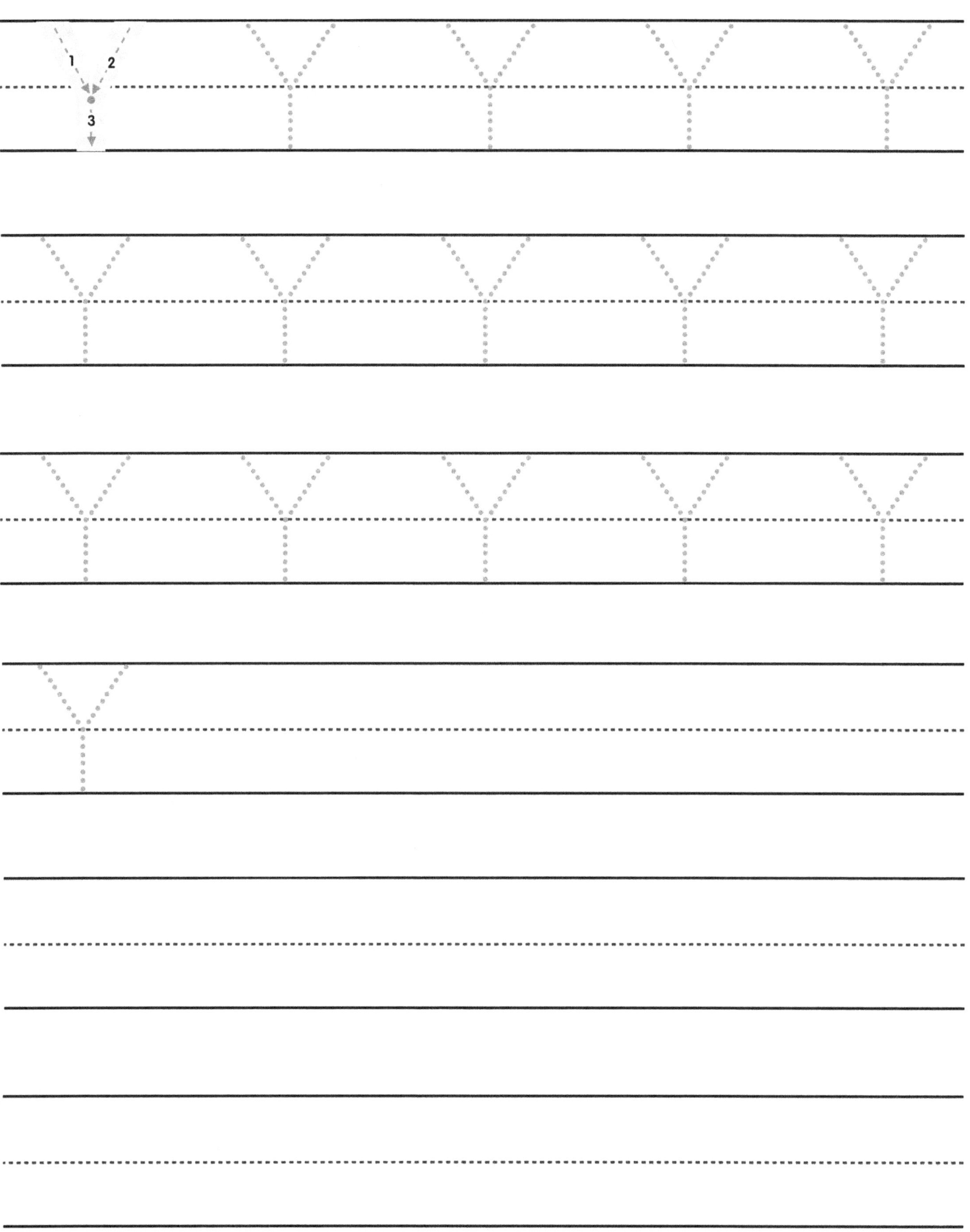

yellow baboon

yellow baboon

yellow baboon

Z is for

Zebu

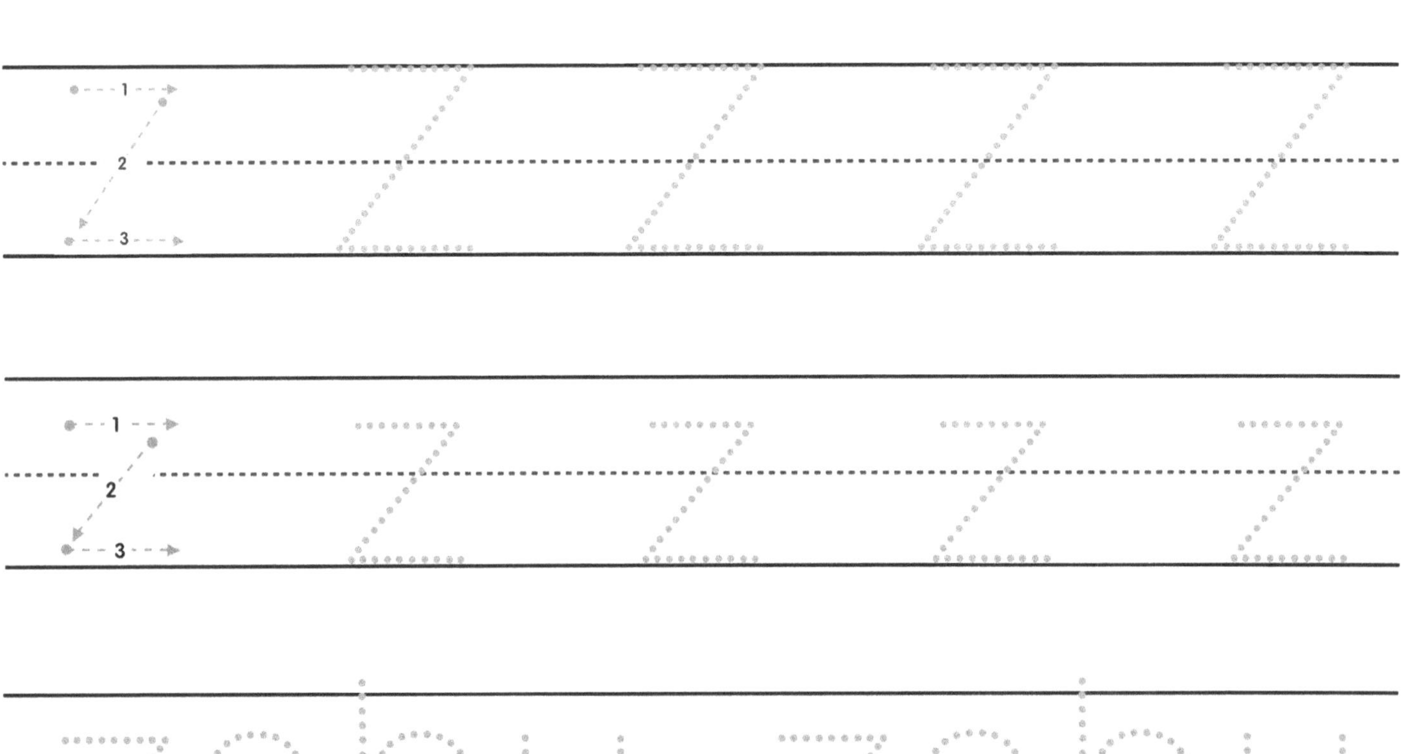

1
2
3

1
2
3

zebu zebu
zebu zebu
zebu zebu